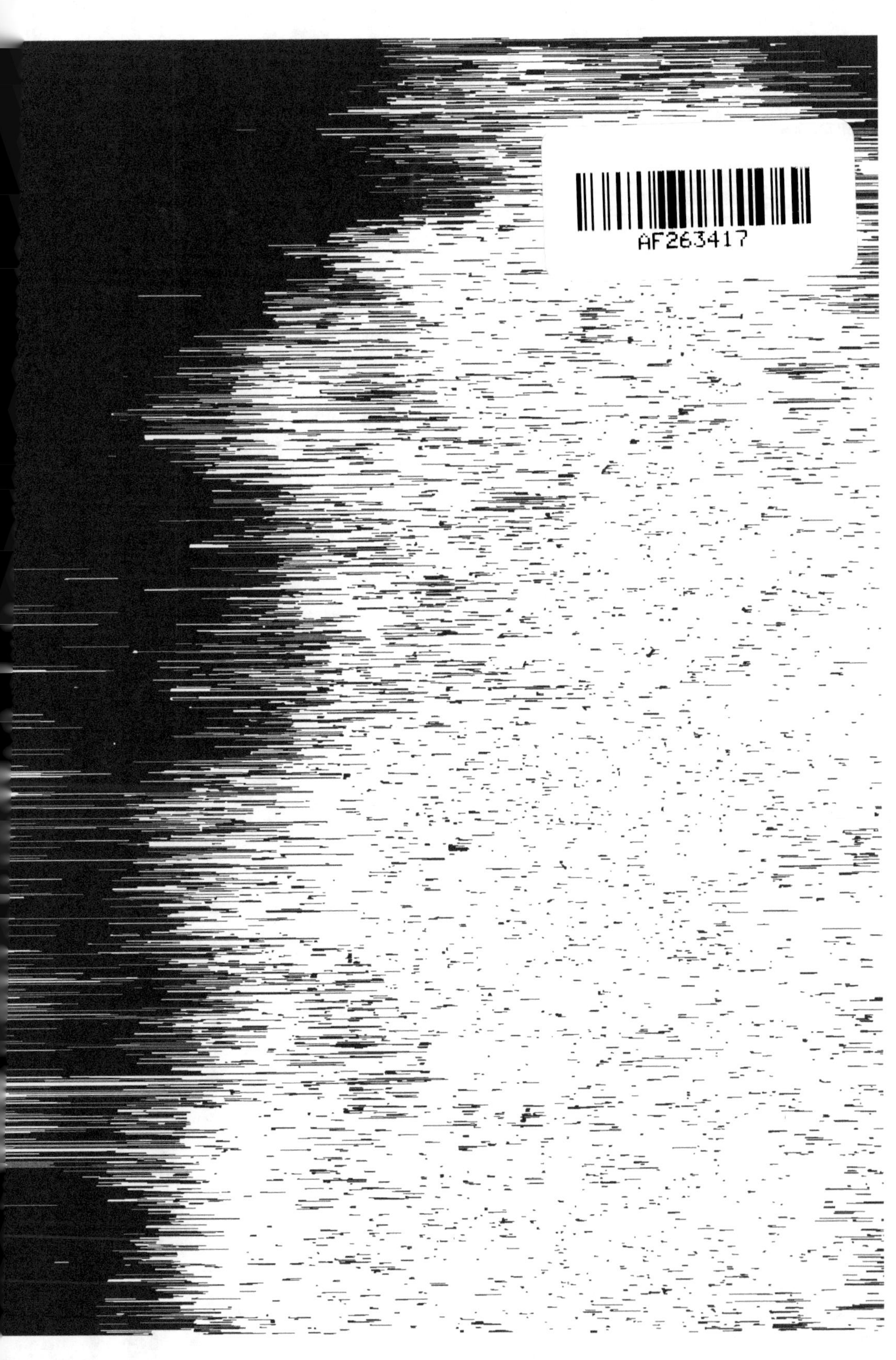
AF263417

INSTITUT IMPÉRIAL DE FRANCE.

NOTICE

SUR

LE COMTE DUCHATEL

PAR

LE Vte HENRI DELABORDE

son successeur à l'Académie des Beaux-Arts

LUE DANS LA SÉANCE DE CETTE ACADÉMIE, LE 4 JUILLET 1868.

PARIS

IMPRIMERIE DE J. CLAYE

RUE SAINT-BENOIT

—

1870

NOTICE

SUR

LE COMTE DUCHATEL

Bien que les souvenirs attachés au nom de M. le comte Tanneguy Duchâtel intéressent surtout l'histoire politique de notre époque et les faits qui se sont produits dans le domaine de l'administration proprement dite, ce nom s'est trouvé trop souvent et trop honorablement mêlé aux affaires de l'art contemporain pour ne pas garder, de ce côté encore, des droits à la reconnaissance et au respect. Ministre de l'intérieur alors que les beaux-arts ressortissaient à ce département, membre de l'Académie des beaux-arts, possesseur d'une des plus précieuses collections de tableaux qu'un particulier ait formées dans notre pays depuis le XVIIIe siècle, M. Duchâtel emprunte de cette triple situation un surcroît d'importance et des titres d'autant plus dignes d'examen qu'ils semblent, par leur nature même, plus indépendants de sa réputation publique, de ses mérites unanimement reconnus. Il y a là, je n'ose dire une série de services privés, puisque beaucoup ont été rendus par l'homme d'État dans l'exercice de ses fonctions, mais des actes utiles accomplis en dehors des grandes affaires ou des luttes accoutumées; des services complémentaires en quelque sorte dont l'Académie avait dès longtemps apprécié la valeur et que, depuis l'époque où elle les récompensait par ses suffrages, elle a vus se continuer, se préciser peut-être davantage en changeant de sphère, gagner enfin en certitude, dans une retraite noblement occupée, ce qu'ils pouvaient perdre en étendue.

Après avoir été pour M. le comte Duchâtel un moyen de bon gouvernement, une occasion officielle d'élever le niveau intellectuel du pays, les beaux-arts étaient devenus une des plus chères habitudes de sa pensée, un besoin, presque une passion; j'entends une passion sans caprice qui devait naturellement, chez un pareil homme, tenir encore de la tâche sérieuse et du devoir. Ceux qui ont eu l'honneur d'approcher M. Duchâtel pendant les vingt dernières années de sa vie savent quelle prédilection réfléchie pour les belles vérités et les belles choses il apportait dans ce domaine du goût, où tant d'autres s'aventurent au hasard de leur vanité ou de leur fantaisie; mais ils savent aussi qu'en donnant l'exemple de cette juste partialité pour les talents de haute race et pour les œuvres de grand style, il ne consentait ni à se détourner des maîtres de son temps, ni à récuser, le cas échéant, l'autorité des progrès réalisés autour de lui. Là comme ailleurs sa doctrine, si arrêtés qu'en fussent les principes, était sans préjugés, son dévouement au bien sans fausse honte; ils ne faisaient, sous une autre forme, qu'achever de se produire et se prononcer. Ministre du commerce en 1834, M. Duchâtel inaugurait par l'*Enquête commerciale* ce travail de réforme économique poursuivi par d'autres mains jusqu'à nos jours; ministre des finances deux ans plus tard, il

présentait un projet de loi destiné à consti-
tuer, en face de nécessités nouvelles, le bud-
get extraordinaire des travaux publics; ministre de l'intérieur enfin, il prenait une part
principale à la création du grand réseau de
nos chemins de fer; il provoquait et il accom-
plissait l'établissement en France de la première ligne de télégraphie électrique, il ob-
tenait, en 1839, la divulgation, aux frais de
l'État, des procédés inventés par Daguerre;
toute proportion gardée, n'était-il pas naturel
que, dans le cercle de ses choix personnels et
dans son simple rôle d'amateur, il agît avec
la même initiative libérale, avec le même
zèle bien inspiré?

Qu'est-il besoin après tout d'en appeler sur
ce point à quelques témoignages privilégiés?
Il suffit d'avoir vu la galerie de M. Duchâtel
ou d'en parcourir le catalogue pour com-
prendre en vertu de quels principes elle avait
été formée, et les chefs-d'œuvre d'Ingres
placés en regard des chefs-d'œuvre de Mem-
ling, de Jean Bellin, d'Holbein et d'Antonio
Moro, les noms de Marilhat, de Decamps, de
Delacroix, à côté de ceux de Ruysdaël, de
Poussin et de Jérôme Bosch, prouvent de

reste qu'aux yeux du propriétaire de cette galerie, le beau n'était pas une pure affaire d'archaïsme. C'était assez qu'il fût le beau pour que M. Duchâtel ne regardât pas à son âge et qu'il ne lui marchandât pas une hospitalité refusée seulement aux œuvres futiles ou équivoques, à l'art et aux talents secondaires, sous toutes les formes et dans tous les temps.

Louer M. Duchâtel d'avoir ainsi consacré ses loisirs à la recherche assidue, à la possession studieuse des reliques ou des spécimens modernes du grand art, ce serait d'ailleurs ne rendre à sa mémoire qu'une justice et un hommage incomplets. A l'époque où il était aux affaires, les arts, nous l'avons dit, n'occupaient et ne pouvaient occuper dans sa vie qu'une place proportionnée à l'étendue et au nombre des diverses tâches qu'il avait à remplir, des nécessités quelquefois plus pressantes auxquelles il devait pourvoir, des questions strictement politiques qu'il lui fallait chaque jour étudier, discuter, résoudre; mais il ne suit pas de là, tant s'en faut, que, pour soutenir l'honneur ou pour défendre les intérêts de notre école, M. Duchâtel n'ait eu dans son cabinet qu'un zèle distrait, devant les Chambres que des paroles incertaines.

Ministre de l'intérieur à deux reprises, et, la seconde fois, pendant plus de sept ans (octobre 1840 — février 1848), il a attaché son nom à des mesures aussi résolûment prises qu'elles avaient été préalablement concertées avec prudence, ou qu'elles devaient être, à l'occasion, éloquemment justifiées. Pour ne rappeler que ces souvenirs entre bien d'autres, les résistances qu'il eut à vaincre afin d'assurer à un seul artiste, Simart, l'ensemble des travaux de sculpture qui devait entourer le *Tombeau de l'Empereur Napoléon I*er, — maintenant ainsi avec une fermeté remarquable le principe en dehors duquel il ne saurait y avoir, dans des œuvres de cet ordre, qu'une anarchique association de talents ou une périlleuse série d'aventures ; les projets de loi qu'il développa successivement à la tribune et qu'il réussit à faire adopter pour l'érection, à Paris, d'un monument à la mémoire de Molière, pour l'acquisition et la fondation du musée de Cluny, pour l'achèvement ou la restauration du Palais de justice, à Rouen, de l'église de Saint-

Ouen, dans la même ville, et de cet admirable château de Blois, qui devait, en recouvrant son élégance première sous la main d'un maître moderne [1], recevoir d'elle aussi une importance nouvelle dans l'histoire de notre architecture nationale ; tous ces sages efforts, toutes ces décisions utiles prouvent assez que, dans ses fonctions administratives, M. Duchâtel voyait au delà du fait et du moment actuels, au delà de simples arrêtés à signer pour disposer tant bien que mal d'une partie du crédit attribué à son département, ou pour diminuer d'autant le nombre des solliciteurs. Non-seulement, — une voix éloquente le rappelait, il y a quelques mois, devant son cercueil : — « il avait compris que le plus sûr moyen d'encourager les artistes, c'est de les respecter [2] ; » il estimait encore qu'il ne suffit pas pour assurer le progrès, d'en accueillir au jour le jour les témoignages ; qu'on sert mal l'art contemporain en l'isolant des traditions qui le renseigneraient ou des exemples qui l'obligent ; qu'en un mot, jusque dans la

1. M. Duban.

2. *Discours de M. Beulé aux funérailles du comte Duchâtel,* 9 novembre 1867.

sphère de l'invention, l'étude du passé garantit la dignité du présent, et que le sentiment ne dispense pas plus du savoir que le mérite personnel n'est une excuse pour l'ingratitude envers les aïeux.

C'est sous l'empire de ces convictions que, dès l'année 1839, M. Duchâtel instituait le *Comité des monuments historiques*, une des fondations qui honorent le plus son administration et qui en perpétueront le plus sûrement le souvenir. Aujourd'hui, à la distance où nous sommes de l'époque où l'on songeait ainsi pour la première fois à mettre sous la protection de l'État tant d'édifices illustres ou vénérables, où, comme cela a été justement dit, on enseignait « aux propriétaires eux-mêmes à ne se considérer que comme les gardiens d'un bien public (1), » il semble à peine croyable que les choses aient pu jamais se passer autrement. Comment supposer que cet héritage historique, que ce patrimoine de l'art français ait été pendant des siècles à la merci des profanations ou des caprices, qu'on l'ait abandonné sans remords aux dé-

1. *Discours de M. Beulé aux funérailles du comte Duchâtel.*

dains de l'ignorance, aux funestes entreprises
d'un faux esprit de réforme ou aux outrages,
plus irréparables encore, de l'esprit de spé-
culation?

Rien de plus vrai cependant. Depuis trente
ans seulement, grâce à l'initiative de M. Duchâtel et à la vigilance des juges éminents
qui se sont succédé dans le tribunal institué
par lui, nos vieux monuments ont été préser-
vés de nouvelles mutilations, débarassés des
prétendus embellissements dont on les avait
affublés, consolidés suivant le cas ou restau-
rés avec une science discrète, avec une habi-
leté d'autant plus méritoire qu'elle faisait
moins montre d'elle-même, qu'elle s'effaçait
presque, afin de mieux remettre en lumière
le génie ou le talent d'autrui.

On sait ce que nous avons gagné à ce mou-
vement de retour vers un passé si glorieux
pour l'art de notre pays, à cette reprise de
possession des souvenirs qu'il nous avait lé-
gués et des richesses qui nous appartiennent.
En face des œuvres du xiiie siècle, rendues ou
signalées à l'admiration, chacun a pu ap-
prendre à estimer à leur prix les mérites
d'une époque qui fut pour l'art français celle

de la véritable renaissance, d'une période qui ne le cède ni en fécondité, ni en originalité, ni même en instinct de la grandeur classique, au temps qu'ont illustré, de l'autre côté des monts, Nicolas, Jean de Pise et leurs disciples, comme les œuvres de l'architecture et de la sculpture nationales au XVIᵉ siècle ont démontré à tout le monde que le progrès s'était continué dans notre pays, lorsque l'art italien s'immobilisait déjà dans la routine ou qu'il n'agissait plus que pour s'acheminer vers la décadence.

N'eût-elle eu d'autre résultat que de rétablir l'ordre dans l'histoire, assez confuse jusqu'alors, des phases qu'a successivement traversées notre ancienne école, l'institution du Comité fondé par M. Duchâtel aurait exercé sur l'éducation publique et sur l'opinion une influence sérieusement bienfaisante. Celui à qui revient l'honneur d'en avoir eu la pensée mériterait à ce seul titre d'être tenu pour un des mieux inspirés, pour un des plus sensément novateurs parmi les hommes appelés de notre temps au gouvernement des beaux-arts.

N'exagérons rien toutefois. Peut-être, en rendant aux intentions et aux actes personnels du ministre la justice qui leur est due, n'y a-t-il que justice aussi à se souvenir des savants conseils qui ont pu contribuer à déterminer ces résolutions ou à préparer ces faits; peut-être, à côté de la gratitude que commande le bien officiellement accompli, y a-t-il place pour un sentiment de reconnaissance envers ceux qui en ont été les instigateurs intimes ou, tout au moins, les premiers confidents. Associer par exemple au nom de M. Duchâtel le nom de l'homme éminent à tant de titres qui fut le témoin le plus rapproché et le plus fidèle compagnon de sa vie entière : attribuer une part, dans les mesures prises aux suggestions affectueuses ou à l'intervention si éclairée de M. Vitet, ce ne serait, auprès de personne, ni trahir un secret ni déprécier celui à qui ses fonctions imposaient en réalité la responsabilité publique de ces mesures. Ce serait bien plutôt rendre un nouvel hommage à sa mémoire, en rappelant que, là où sa propre expérience ne lui paraissait pas suffisante, M. Duchâtel avait le mérite peu commun de ne se renseigner qu'en bon lieu et de s'appuyer, avant d'agir, sur les autorités les plus hautes, sur des avis doublement considérables, parce qu'ils étaient à la fois habiles et désintéressés.

Appelé par les suffrages de l'Académie, le 21 novembre 1846, à occuper la place que la mort de M. le vicomte Siméon venait de laisser vacante, M. Duchâtel pouvait espérer qu'il justifierait cet honneur en continuant longtemps encore de servir activement son pays et, comme il l'écrivait à cette époque, en complétant « ce qu'il lui avait été donné de faire » dans ses fonctions officielles « pour contribuer aux progrès des beaux-arts. » Les preuves de son dévouement à cette noble cause vinrent d'ailleurs. Au bout de quinze mois, une révolution brisait sa carrière politique et le condamnait à la retraite à peine âgé de quarante-cinq ans, lui qui, dans l'opinion de ses adversaires aussi bien qu'aux yeux de ses amis, « n'avait pas montré tout ce qu'il était, et n'avait pas eu le temps de devenir tout ce qu'il pouvait être [1]. »

M. Duchâtel supporta dignement le poids de cette inaction. Accoutumé de longue main,

---

1. *Discours de M. Guizot aux funérailles du comte Duchâtel.*

par la pratique des affaires, aux erreurs et aux injustices humaines, trop sage pour s'en étonner, trop fier pour s'en plaindre, là où elles n'atteignaient que lui, il ne fit qu'opposer à la fortune contraire un courage sans ostentation, aux défiances ou aux accusations de l'esprit de parti un mâle silence, à l'ingratitude quelquefois une dédaigneuse pitié. Ainsi arraché à la politique active et « rentré dans la vie privée, » a dit l'homme d'État illustre pour qui M. Duchâtel avait été dans le gouvernement du pays un constant et puissant allié, « il s'y est conduit avec le même bon sens et la même convenance, toujours plein de respect pour l'ordre public et pour les pouvoirs légaux, comme de sollicitude pour le bien public, mais en même temps toujours fidèle à son passé, à ses idées, à sa cause et à ses amis[2]. »

De ce côté, M. Duchâtel n'avait pas plus de progrès à faire qu'il n'avait d'habitudes morales à réformer. Ce qui lui restait encore à acquérir ou à développer intéressait seulement un ordre de sentiments et d'idées aussi indépendant des événements extérieurs que

1. *Discours de M. Guizot aux funérailles du comte Duchâtel.*

des convictions. politiques. En s'entourant des œuvres de l'art les plus belles et les plus sévèrement choisies, M. Duchâtel arriva bientôt à donner à son esprit ce perfectionnement suprême, et à procéder, dans le domaine du goût, avec la certitude et la hauteur de vues qu'il avait appliquées jusqu'alors à la conduite des affaires.

Ses débuts, il est vrai, dans ce rôle d'amateur qu'il devait désormais si bien remplir, furent des actes inspirés par la piété de certains souvenirs personnels plutôt que par un dessein préconçu d'étudier de près les témoignages du talent ou du génie pittoresque. A l'époque où l'on mit en vente les tableaux provenant de la galerie de M. le duc d'Orléans et ceux qui avaient appartenu au maréchal Soult, l'ancien ministre du roi Louis-Philippe eut le désir d'en posséder quelques-uns, en mémoire du jeune prince qu'il avait si souvent approché et du guerrier illustre dont il avait été le collègue dans les conseils. Or il se trouva qu'en voulant surtout recueillir des souvenirs d'affection, M. Duchâtel s'était emparé d'une œuvre admirable et de deux toiles d'un grand mérite.

L'*OEdipe* d'Ingres, d'une part, deux figures de femmes, peintes par Zurbaran, de l'autre, avaient fait pour lui de cet hommage du cœur un puissant moyen d'initiation esthétique.

Noblesse oblige en matière de collection comme ailleurs. De pareils commencements imposaient, dans les choix à venir, une tradition et une doctrine, en même temps qu'ils marquaient le niveau des qualités techniques à rechercher dans chaque type, sous peine de disparate ou de déchéance. M. Duchâtel n'eut garde de méconnaître les conséquences nécessaires de son premier succès. A côté des tableaux du maître espagnol et du chef de l'école française contemporaine, des peintures non moins précieuses dues aux maîtres italiens et flamands du xve siècle, des spécimens de l'art des grandes écoles dans les deux siècles suivants, vinrent successivement orner les murs de cette galerie, lentement formée d'ailleurs, comme toutes les entreprises d'élite, moins riche par le nombre que par l'excellence des éléments, et empruntant de l'égale perfection de ceux-ci un rare caractère d'obstination dans le bien, une signification tout exceptionnelle. Veut-on un exemple de la clairvoyance avec laquelle M. Duchâtel savait discerner, jusque parmi les œuvres de la même main, celles qui pouvaient le mieux être rapprochées pour la gloire de l'art ou pour l'honneur de sa propre galerie? Cet *Œdipe* d'Ingres qui avait été le principe de la collection et comme le diapason pittoresque auquel devait se subordonner toute acquisition future, l'*Œdipe*, un jour, reçut un pendant : ce fut la *Source*, en sorte que le même toit abrita, non-seulement le premier et le dernier chef-d'œuvre du maître, mais encore les deux plus beaux tableaux d'une seule figure qu'ait jamais produits notre école.

C'est en ne consentant ainsi à user des occasions qu'autant qu'elles pouvaient satisfaire à de légitimes et invariables exigences, c'est en repoussant impitoyablement le faux ou le médiocre pour consacrer tous ses efforts à la recherche du vrai et du beau, que M. Duchâtel réussit à faire de sa galerie un véritable sanctuaire, un dépôt tout au moins des plus sérieux titres de l'art : dépôt fécond en enseignements, titres inestimables qu'il consultait chaque jour avec un zèle studieux, et que les mains pieuses auxquelles ils sont

confiés aujourd'hui gardent avec tout le respect dû à la mémoire de celui qui les avait
réunis.

M. Duchâtel apportait en toutes choses
cette prédilection pour les exemples d'élite,
ce juste dédain des menues séductions ou des
témoignages équivoques. S'agissait-il, les
jours où son hôtel s'ouvrait pour une récep-
tion ou pour une fête, d'associer au spectacle
des œuvres de la peinture l'éloquence des
œuvres d'un autre art? La musique qu'on
entendait dans ces salons décorés de si nobles
tableaux était à tous égards digne du lieu, et
les compositions des maîtres souverains,
exécutées à l'exclusion du reste, ne démen-
taient rien de ce que les yeux pouvaient
admirer. Fallait-il, pour des appartements
réservés à des réunions plus intimes, de-
mander à l'art contemporain des portraits de
famille ou la reproduction de ceux qu'on
avait déjà obtenus? C'était aux pinceaux de
Flandrin et de M. Lehmann, c'était au burin
de M. Henriquel que M. Duchâtel confiait le
soin de continuer dans le présent les grandes
traditions dont il avait recueilli les monuments dans le passé. Quoi de plus simple,

dira-t-on, quoi de plus naturel en pareil cas
que de s'adresser aux talents qui, ayant le
mieux fait leurs preuves, semblent s'imposer
d'avance à la tâche projetée et comme se dé-
signer eux-mêmes? Oui, cela est naturel,
sans doute, et, néanmoins cela est rare,
même dans les plus hautes sphères sociales.
M. Duchâtel, entre autres mérites, a eu celui
de ne méconnaître aucune des obligations
que lui imposaient sa situation, son nom, sa
fortune, et, ainsi qu'on aurait pu le dire
autrefois de quelques grands seigneurs, de ne
faire servir ses priviléges qu'à l'accomplisse-
ment de ses devoirs.

Cependant le corps qu'animait cette âme
forte et saine était de plus en plus envahi et
bientôt presque complétement immobilisé
par un mal terrible dont il avait subi les
premières atteintes vers le commencement
de l'année 1866. Sous l'étreinte de la douleur
physique comme en face des obstacles mo-
raux, M. Duchâtel n'était pas homme à se
rendre sans combat. Il lutta donc : mais ce
corps déjà promis à la mort ne reprenait par
moments un semblant de force que pour
retomber encore plus affaibli. Près de deux

années s'écoulèrent dans ces alternatives de faux progrès et de rechutes. Une dernière crise survint qui ne permit même plus de pressentir, au delà de quelques jours, la prolongation de cette existence minée. M. Duchâtel employa ce qui lui restait de vie à se préparer au coup suprême. Il s'y prépara d'un cœur viril et avec les espérances d'un chrétien, édifiant par sa résignation le prêtre éminent qui l'assistait [1], l'étonnant quelquefois par la certitude et par l'étendue de sa science théologique. Environné de tous les siens, suivi et soutenu jusqu'au seuil du tombeau par l'amitié fraternelle de M. Vitet et par quelques dévouements fidèles, M. Duchâtel succomba le 5 novembre 1867. Né le 19 février 1803, il était âgé seulement de soixante-quatre ans.

On se rappelle l'émotion unanime produite par la nouvelle de cette mort, les paroles publiques de regret qu'elle inspira même à des hommes d'une autre origine ou d'une autre conviction politique, et, parmi les plus éclatants hommages, ceux qui furent rendus, le

____

1. M. l'abbé Gratry.

jour des funérailles, par les représentants
des deux classes de l'Institut auxquelles
M. Duchâtel avait appartenu. L'Académie des
beaux-arts qui se l'était attaché lorsqu'il
remplissait l'une des deux conditions entre
lesquelles, aux termes de ses satuts, elle est
appelée à choisir, c'est-à-dire lorsqu'il était
déjà un des personnages les plus « distingués
par leur rang » l'Académie regretta en lui un
membre qui, à ce premier titre, avait su plus
tard en ajouter d'autres et marquer aussi sa
place parmi les hommes les plus « distingués
par leurs connaissances théoriques dans les
beaux-arts » et par « leur goût. »

A quoi bon insister, au surplus? Les souvenirs et les exemples qu'a laissés M. Duchâtel ont assez d'éloquence par eux-mêmes
pour qu'il soit superflu, sans doute, de les
recommander à l'attention ou d'y ajouter le
commentaire de certains souvenirs plus par-
ticuliers et plus directs. Si celui qui essaye
aujourd'hui d'en résumer quelque chose ne
peut et ne doit pas oublier la bienveillance
dont M. Duchâtel l'a honoré; si au respect
que lui inspire cette mémoire se mêle un
sentiment plus voisin de la gratitude, du

moins il n'a pas besoin, pour l'accomplisse-
ment de sa tâche, de s'aider d'un pareil se-
cours. Il n'a pas à craindre de n'exprimer
qu'une opinion personnelle ou de rencontrer
nulle part un démenti en louant chez M. le
comte Duchâtel l'élévation constante des doc-
trines et du caractère, des intentions et des
actes, la dignité, en un mot, de toute une vie
qui, après avoir été, dans les fonctions publiques, signalée par de grands services,
s'est continuée au milieu des plus nobles
occupations de l'esprit, dans le plus géné-
reux emploi de la richesse, pour s'achever au
sein de la foi chrétienne, et des éternelles
vérités.

PARIS. — IMPRIMERIE DE J. CLAYE, RUE SAINT-BENOIT, 7. [979]